우주문학 시선 3

립스틱

김미인 시집

립스틱

김미인 시집

은하태양

■ 시인의 말

얼굴로
분장했던 화장을 지운다

어두운 구석까지
환하고
눈부신 세상을 오래 들여다보았다

미안해하던 얼굴
곱게 미끄러져 간

얼굴에서
빛나던 화장 케이스를 내려놓는다

2025년 3월
김미인

차례

▎시인의 말

제1부 볼 터치

012 하이힐
013 마스카라
014 립스틱
016 화장하는 여자
018 볼 터치
019 스킨
020 립스틱 빌딩
021 피어싱
022 난, 나를 질투한다
024 페디큐어
026 스카프
027 스모키 화장
028 비가 온다
029 낙타

제2부 샘플

032 설화수
033 샘플
034 얼굴색에 맞춰 200개의 파운데이션이 있다

036   마스크 팩
037   장미향수
038   앰플
039   아이새도
040   벚꽃 메이크업
041   스카프
042   한순간
044   안티에이징
046   매니큐어
047   아모레퍼시픽
048   셰딩

제3부 파운데이션

050   마스카라
051   틴톤 꽃 립스틱
052   파운데이션
053   아이라인
054   파우더룸
056   향수
058   네일아트
059   콘서트
060   화장
062   화장대의 얼굴
064   핑크색 셔츠

065   컨실러

066   서클렌즈

068   카 워시

제4부 화장품 마을

070   톤업

072   화장품 마을

074   향수

075   에센스

076   틴트 물광 립글로스

077   파운데이션

078   화장품

080   화장품 여행

082   매니큐어

084   화장품 아파트

086   속눈썹

087   미스트

088   클렌징폼

090   화장품 이야기

093   나는 화장품이다

제5부 패션

096   패션

098   스타킹

099   vulva

100   오로라

101   패션 후르츠

102   수딩젤

103   언더웨어

104   의패류

105   관객

106   바람도 패션이다

108   콘택트렌즈

109   노을패션

110   레게머리

112   블랜딩

113   꽃상여 패션

114   해설 박동억

제1부

볼 터치

하이힐

한 치의 각도를 빗나간 적 없는 중심, 고단한 무게가 억척으로 다가오고 굽은 등을 세우며 이곳까지 걸어왔다

발이 닿는 각도에 따라 배경이 달라지고 뒤틀렸던 물체가
새로운 모습으로 드러난다 뽐내는 일에 익숙해진 얼굴로

앞날을 예측하며 한껏 가슴을 부풀렸다
멀리 날아가는 새를 쳐다보다가 가로수에 이마를 찧었다

오래전부터 굽힐 줄 모르던 뼈들이 삭고 있었을까

고통의 한계를 느끼는 순간 바닥을 톡톡 찍으며 주저앉았다
누군가 바닥을 두드리는 소리 하이힐에 찍힌 선명한 바닥

마스카라

백사장에 모이를 쫓는 뾰족한 부리들의 난무
 해안선을 따라 높이 올라가는 갈매기의 날갯짓
을 덧칠했다

립스틱

각이 진 얼굴을 비벼내자
덧칠해진 입술에 낙관이 분주하게 돋아나왔다

생각 없는 군더더기들로 묻어나오는 군내
색이 짙을수록 위험의 수위가 높았다

눈을 치켜뜰수록
냉정하게 웃을 수 있는 용기가 필요했다

입술의 꼬리를 올릴수록 두터워진 입술
입술을 벌리자

날이 선 채 막다른 골의 함정
늘 태양이 앞을 가로막았고

멀수록 얇게 가까울수록 깊게 드리운 그림자
무엇에 억눌렸던 것일까

립스틱 자국을 따라 오르내렸던 계단
어깨를 밀치며 툭, 하는 소리

거짓말처럼 빨갛게 물들어 가는 하얀 이빨
입술에서 떼어 내어졌다

화장하는 여자

반쯤 줄어든 눈동자
속눈썹을 치켜뜨고 마스카라를 칠한다

짙은 눈썹은 문신을 했다

눈 밑에 애굣살을 넣고
눈두덩에 펄 섀도로 포장한다

콧대는 셰딩으로 라인을 만들어
깎아지듯 골을 새긴다

짙은 립스틱은 빨간 입술 선을
넘어서 두툼하게 발랐다

뚜렷하게
지탱하는 눈, 코, 입

제 몫을 다 한 듯
그윽한 눈매로 마지막 스프레이를 뿌리며
가볍게 머리를 흔든다

거울이 타원형인 화장대
가까이 다가오는
창문에 비치는 맑은 햇살

묶어 올린 머리칼을 매끄럽게 내리며

거울 속으로
가득 채운 까만 눈동자

웃고 있는 여자가 여럿 보였다

볼 터치

색을 나누는 얼굴들이 붉어졌다
사랑이 있을 것 같은 무렵

사과밭엔
왼쪽의 뺨이 붉게 익어가고

복숭아밭엔
오른쪽 뺨이 홍조로 물들고 있다

막, 지나가는 달이
쓰개치마를 덮고 있었다

스킨

멀리서도 선명하게 보이는
꽃봉오리

분홍빛 속살의 살 내음을
수줍게 내보이며

오므렸다가 활짝 핀 아기 진달래

스쳐 지나가던 눈길에
입술을 발갛게 깨물었다

립스틱 빌딩

 돌돌 말린 입구를 지나 99층으로 올라가는 사이 몸단장해야 통과되는 사람들, 인포메이션을 응시한다

 1층과 10층, 헤어숍에서 머리가 구불거리는 사이 11층과 20층, 얼굴에 파운데이션을 바르고 반질반질하게 다듬는 사이 21층과 30층, 속 눈썹의 마스카라를 짙게 올리고 깜박이는 사이 31층과 40층, 아이섀도를 레인보우 색깔로 층을 이루는 사이 41층과 50층, 보석을 목과 팔에 두르는 사이 51층과 60층, 양 볼에 핑크빛의 터치를 하는 사이 61층과 70층, 콧대를 세우고 광대뼈를 줄이는 사이 71층과 80층, 매니큐어와 페디큐어로 멋을 다듬는 사이 81층과 90층, 진한 커피와 담배를 입에 무는 사이 91층에서 99층으로 올라가는 아이라인의 완벽한 얼굴 태양에 빛나듯 우주가 한눈에 들어오고 사람들이 창공으로 날개 높이 날아간다 입술엔 흘린 새빨간 립스틱이 발렸고 거짓말을 늘어놓은 빌딩 창밖으로 솟아올랐다

피어싱

듣지 못해 귀를 뚫었다
말하지 못해 혀를 뚫었다
냄새를 맡지 못해 코를 뚫었다
시간이 지나고
듣지 못해 또 하나 귀를 뚫었다
시간이 지나고
말하지 못해 또 하나 혀를 뚫었다
시간이 지나고
냄새를 맡지 못해 또 하나 코를 뚫었다
장신구가 되어버린 구멍들
바람이 불 때마다 숭숭거린다
점점 늘어나는 구멍은
더 잘 들렸고
말을 더 잘했고
냄새가 지독했다
커지는 장신구들로
마구 넓혀가는 얼굴
웃을 때마다 혀에서
쏟아지는
장신구가 반짝거렸다

난, 나를 질투한다

가느다란 손가락에 낀 장미 반지에

파란색 매니큐어를 덧바르는 것에

샴푸할 때 풍성하게 곱실대는 머릿결에

민낯의 매끄럽고 티 없는 얼굴에

창밖을 보며 한낮 커피를 즐기는 일에

부드러운 목소리에 네, 라고 답하는 것에

DJ 목소리에 넋 나간 듯 멍때리는 것에

유연한 몸놀림 스텝이 꼬이지 않는 것에

계절의 앞서감을 뒤쫓지 못하는 것에

새침데기 진달래가 봉우리 채 흔들리는 것에

핸드폰이 울리지 않아도 얼굴 돌리지 않는 것에

하루에 몇 번씩이나 거울을 비춰 보는 것에

이 모든 새롭지 않은 것들에 매일

난, 나를 질투한다

페디큐어

누더기처럼 기운 검은 발톱을 꺼낸다

갈라진 뒤꿈치로 돋아나는 둥근 뼈
부풀지도 않고 깨지려는 듯

날이 선 발톱마다
수군대는 말들이 가득 차올랐다

세상 밖으로 풀어 헤치듯 걸어온 길마다
발톱에 새겨놓은 호피 무늬들

날 수 없다는 야성을 잊어버린 채

얼마나 더 머뭇거려야
제 주인에게 닿을 수 있을까

깊숙이 자리 잡고 터를 일군 굳은살
발톱으로 움켜쥐 배겨 있는 외침들

잠재운 기억들이 수면 위로 말랑거렸고

물거품처럼 피어오르는 새하얀 발바닥

스카프

멀리서 오는 여자가 보인다

목에 스카프를 묶은 채
흰 벽에 기대어 하늘을
올려다보는 여자

멀리서 오는 남자가 보인다

목에 스카프를 묶은 채
길모퉁이에서 바닥을
내려다보는 남자

서로의 감정을 드러내듯

바람에 날리는 스카프
서로의 등이 맞닿아 있다
서로의 얼굴이 맞닿아 있다

스모키 화장

속살을 내밀지 못해 치를 떨었다
등 파인 쪽에는 지퍼를 달았다
긴 부츠의 허벅지가 짧게 보인다
입술은 창백할 정도로 옅은 회백색으로
두툼하게 덧칠했다
흐린 기억을 한 꺼풀씩 깎아내리듯
검은 눈물로 번진 마스카라
속눈썹이 뭉개져 눈동자를 지웠다
짙은 펄의 아이라인 섀도에 가려진
속내가 안개만큼이나 모호했다
생각을 붙잡는 머리칼에서 빛나는 태양
손으로 쓱쓱 문지른 얼룩진 눈가
넋이 나간 듯 낯선 사람의 얼굴이
만만하게 보이기 시작했다

비가 온다

비가 온다
꽃잎에 내려앉은 분가루가 씻기듯 흘러내린다
비가 온다
한 아름 수국은 얼굴을 구석구석 내밀어 흔들거린다
비가 온다
노란 목단이 겹겹 모은 꽃 수술까지 딥 클렌징 한다
비가 온다
이팝나무의 흰 꽃들이 제일 먼저 얼굴을 떨구어낸다
비가 온다
목련의 이파리가 차례로 떨어뜨린 빗방울로 뽀득거린다
비가 온다
민들레의 수줍은 얼굴이 숨긴 듯 해맑게 웃는다
비가 온다
가로등이 해묵은 색깔을 지우며 빛을 내고 있다
비가 온다

자동차 유리에 와이퍼가 빠르게 풍경을 지워낸
다.
 비가 온다
 창밖에 내민 얼굴이 지워져 검은 눈물이 흘러내
린다
 비가 온다
 새들이 서둘러 그었던 발자국을 지우며 날아간다

낙타

그 여자는 사막에 와 있었다

곁으로 다가와
그녀를 보호하듯 길게 앉아 있는 낙타

고단한
삶의 무게에 억눌린 무릎이 불거져 나왔다

남자다운 기세였을까

가볍게 올라타는
옥색 스카프를 두른 검은 눈동자

서로의 눈빛을 주고받은 듯

커다란
낙타의 눈이 자주 껌벅거렸다.

제2부

샘플

설화수

미인의 조건처럼 이목구비가 화려한 장식

화려할수록 사람들의 시선을 사로잡는다

사로잡는 끈적임에 매끄럽게 도포되는 살갗

살갗에 눈꽃처럼 녹아내리는 투명한 액정

액정에 꽂힌 가지마다 숨 트이는 햇살들

햇살에 스민 기억을 한올 한올 걷어낸 자리

향긋하게 뿜어져 나오는 한낮이 길었다

샘플

한 방울로 첫 깊이를 알려왔다
한 방울로 첫 향기를 알려왔다
한 방울로 첫 진가를 알려왔다
한 방울로 첫 발림을 알려왔다
한 방울로 첫 색감을 알려왔다
한 방울로 첫 쑥 향기를 알려왔다
한 방울로 첫 촉촉함을 알려왔다
한 방울로 첫 최대치를 알려왔다
한 방울로 첫 수고를 알려왔다
한 방울로 첫 정성을 알려왔다
한 방울로 첫 스토리를 알려왔다
한 방울로 첫 다정함을 알려왔다
한 방울로 착각했던 샘플
정품을 첫 주선해 주었다

얼굴색에 맞춰 200개의 파운데이션이 있다

-아모레퍼시픽

목련, 진달래, 개나리
벚꽃, 라일락, 코스모스 필 적에
꽃향기 파운데이션을 발랐다
파란 하늘을 올려다볼 적에
맑은 살구 톤의
파운데이션을 발랐다
저녁노을 붉은 해를 기울여 볼 적에
홍조를 띤
파운데이션을 발랐다
아침햇살 기지개를 추킬 적에
투명한 비비
파운데이션을 발랐다
태양이 그림자를 좁혀 올 적에
물광 부드러운
파운데이션을 발랐다
빗물이 얼굴 위를 뒹굴 적에
지워지지 않는 매드
파운데이션을 발랐다

단풍나무 물들어 갈 적에
수분 촉촉한
파운데이션을 발랐다
팝송의 흥겨운 리듬에 발맞출 적에
광이 빛나고 윤기 흐르는
파운데이션을 발랐다
커피 향에 잔을 기울일 적에
은은하고 부드러운 연분홍
파운데이션을 발랐다
먹구름 사이 우울을 감추려 할 적에
하얀색 짙은
파운데이션을 발랐다
200개의 아모레퍼시픽 얼굴에 다양한
색깔들이 발라졌다
다시 되찾기 위한 나의 얼굴들
딥크렌즈로 닦아내기 시작했다

마스크 팩

덮을수록 깊게 스며드는 미궁 같은

스며들수록 찾을 수 없는 미궁 같은

찾을수록 길이 보이지 않는 미궁 같은

길이 보일수록 나올 수 없는 미궁 같은

나오고 있을수록 헤맸던 미궁 같은

그 미궁의 끝에서

점점 밝아오는 화경 속을 들여다본다

어두웠던 그림자를 벗겨내자

선명하게 보이는 해맑은 얼굴

장미향수

겹겹이 떠오르는 얼굴
속속히 내려앉은 빨간 입술
햇빛을 향해 붉어져 올라오는 함성
장미향수가 터지는 #구딸 로즈
오월의 새벽을 열고 있다

앰플

뭐든,
충족시킬 용기가 필요했다
건조하게 마른 날 햇빛을 멀리할 수 있는
용기가 필요했다
미세먼지 짙은 날 코를 막을 수 있는
용기가 필요했다
안개가 자욱한 날 눈을 치켜뜰 수 있는
용기가 필요했다
심하게 바람 부는 날 머리칼을 가눌 수 있는
용기가 필요했다
비가 세차게 내린 날 비옷을 걸칠 수 있는
용기가 필요했다
눈보라 치는 날 두 뺨을 감쌀 수 있는
용기가 필요했다
함박눈이 내린 날 팔 벌려 맞을 수 있는
용기가 필요했다
뭐든,
충분히 흡수된 몸짓의 용기가 필요했다

아이섀도

  지평선 너머 떠오르는 해그림자

  얇게 펴 바른 듯 노란색 구름이 베이스라인을 깔아주자

  붉은 황금색 펄이 눈두덩이 위로 두텁게 퍼져 간다

벚꽃 메이크업

흐트러지는 벚나무 아래
메이크업을 한다
휘날리는 벚꽃
파운데이션을 뿌리듯
얼굴로 꽃잎을 덮는다
입술에 얹힌 벚꽃 립스틱
속눈썹에 소복이 올라간 마스카라
벚꽃 볼 터치를 입혔다
머리에 화관을 쏟아붓고
환하게 비치는 달빛
미소를 떠올리는
작은 벚나무 하나 서 있다

스카프

바람에 흔들리는 스카프의 행진

샛노란 유채의 무늬가 목에서 흔들거리고
하얀 목련의 무늬가 목에서 흔들거리고

붉은 장미의 무늬가 목에서 흔들거리고
자줏빛 작약의 무늬가 목에서 흔들거리고

보랏빛 아스타의 무늬가 목에서 흔들거리고
연분홍 진달래의 무늬가 목에서 흔들리고

가만히 얼굴만 올려놓은 사람들
물감을 쏟아 놓은 듯 목에서 흔들리고

한순간

얼굴이 하얗게 질렸다
한순간
얼굴이 노랗게 질렸다
한순간
얼굴이 파랗게 질렸다
한순간
얼굴이 경직되어 멈췄다
한순간
얼굴이 상기된 채 달아올랐다
한순간
얼굴이 얼어 있는 듯 차가웠다
한순간
얼굴이 다소곳이 부드러웠다
한순간
얼굴이 메마른 듯 꺼칠했다
한순간
얼굴이 무서움에 떨었다
한순간
얼굴이 지친 듯 넋을 놓았다
한순간

얼굴이 눈물로 가득 찼다
한순간
얼굴이 위로의 #프리메라
솔루션 제안을
아모레퍼시픽에서 받는다

안티에이징

쩍쩍
살갗 갈라지는 소리에
깜박
눈 떨리는 소리에
툭툭
새순 올라오는 소리에
째깍
초침 지나가는 소리에
똑똑
빗방울 떨어지는 소리에
탈탈
이불 털어내는 소리에
쭈욱
물 한 모금 축이는 소리에
탁탁
창문 여닫는 소리에
윙윙
선풍기 돌아가는 소리에
모든
시간이 짧게 머물다 간

그림자
구겨지듯 빠르게
어두워져 간다.

매니큐어

꽃잎을 모았다

한 계절의 꽃잎을

찧으면 찧을수록 짙게 우러나는 빛깔

맑은 하늘에도 물이 들었을까

손톱 끝에서

붉게 물든 꽃망울

손톱이 자라는 동안

열 개의 얼굴이 빨개진다

아모레퍼시픽

 플래시를 받은 진열장으로 화장품들이 뽐내고 있다. 수다스러운 마스카라가 먼저 운을 뗀다. 요즘 난, 마음껏 울 수 있어서 좋아. 마구 번지지도 않을 만큼 깔끔해진 느낌이야. 옆에 세워진 금장식한 립스틱이 우아하게 말했다. 나도 아무리 음식을 먹고 차를 마셔도 입가에 묻어나지 않거든. 붉은 입술을 더 돋보이게 할 수 있어. 나란히 있던 그윽한 눈동자의 아이섀도가 보란 듯이 말한다. 난, 이중으로 배색된 펄을 바를 땐 상대방의 매혹적인 마음마저 뺏어 올 수 있어. 눈에 힘을 주지 않아도 돼. 획기적인 발상은 계속 이어졌다. 파운데이션의 수위도 높아져 갔다. 나는 땀 흘리고 비에 흠뻑 젖어도 얼굴은 얼룩지지 않아. 마른 듯 뽀송뽀송할 만큼 품위를 지킬 수 있어. 얼굴의 화사함은 볼 터치가 제일이야. 양쪽 파스텔 톤의 뺨을 추켜세웠다. 도톰한 입술을 강조한 틴트 립글로스도 한몫했다고 입을 쭉 내밀었다. 모든 화장품의 케이스가 뚜껑을 열었다. 얼굴에서 각자 눈부시게 빛났고 모두가 뿌듯한 미소를 머금었다. 그리고 화려한 조명은 밤새 꺼지지 않았다.

셰딩

흔들리는 쪽으로 기울어진 얼굴
하이힐에 발목이 휘청거린다

구불거린 계단만큼이나 길었던
마장의 출렁다리

꼭 잡은 두 손의 축
중심을 바로 세운 듯

하늘을 올려다보는 얼굴
그늘진 호수가 부풀고 있었다

제3부

파운데이션

마스카라

멀리 새가 날아간다

꽁무니 깃털을 쫓아가는 눈동자

내내 올려다보는

속 그림자가 짙어졌다

틴톤 꽃 립스틱

립스틱 안에 꽃이 들어 있다
투명하게 드러나는 꽃잎들
말로는 다 뱉지 못한 고백
얼마나 지났을까
점점 바닥이 드러나는 립스틱
바를수록 딸기 향으로 달콤했고
바를수록 오렌지 향으로 상큼했다
입속에서 풍겨나는 숱한 말들
입술에서 꽃냄새가 퍼지고
못내 삼킬 수 없는
향내가 멈춰 있는 꽃잎들
말할 시간이 다 된 것일까
기다림 속에서
열매를 맺고 있는 입술
립스틱이 활짝 꽃을 피웠다

파운데이션

밤새 눈이 내렸어요
어제저녁에 씻지 않은 얼굴이 생각나요
어둡던 주위가 환하게 드러나고 있어요
오늘은 약간 두껍게 칠할 겁니다
큰 나무에 내린 눈이 끄떡없는 듯
옆 나뭇가지들을 잡아주고 있어요
달이 뜬 채로 하얀 눈이 덮어져 있네요
잘 세운 각선을 코팅하듯
이마부터 두들기며 내려온 입술 턱선
하얗고 뽀얀 얼굴이 다소곳이 거울에
비치고 있어요
아직도 내린 눈이
촉촉한 피부에 앉아 있네요
이젠 밖을 돌아다녀도 아무런 문제가
없을 것 같아요
태양이 창문을 두들기며 빛나고 있어요
잘 빚어놓은 얼굴처럼 말이죠

아이라인

활을 당기듯 휘어지는 눈꺼풀
과녁을 향해 정확하게 날아가는 눈동자
멀리서도 선명하게 보이는 경계선

파우더 룸

옷을 갈아입어야 할 것 같아요
나갈 준비를 해야겠어요
서두를 필요는 없어요
환한 조명이 벽을 두르고 있네요
거울 모서리에 새긴 장미가 가득해요
마음은 굴뚝보다 높이 두근거려요
얼굴부터 치장할까요
모던하고 청순한 화장을 할래요
머리부터 롤을 말아 올릴까요
웨이브가 굵은 머리칼이 좋을 것 같아요
이너웨어를 찾아볼게요
겉옷을 드러내는데 필수조건이에요
행거에 걸린 옷들이 흔들거리네요
따뜻한 볕에 어울리는 파스텔 투톤으로
통이 넓은 바지를 입고 싶어요
매니큐어는 분홍색으로 손톱에 칠했어요
그 색깔은 발톱에도 발라져 있네요
화장대 의자에 앉아야겠어요
차분하게 정리된 얼굴이 거울에 비쳐요
입술에 펄 립글로스를 살짝 문지르고

위스키 라일락 향수로 머릿결에 뿌려줄래요
폰이 손가락 사이로 울려 나가야겠어요
봄 단장은 누구를 만나도 반길 것만 같거든요

향수

향수로 염을 한다
죽음의 향기로 물들어 가는 시취
매 순간 알 수 없는
향수 냄새가 났다
눈 코 앞으로 들락날락하던
숨구멍을 막고 구석구석 쌓인
오물을 닦아낸다
하얀 분가루와 붉은 볼 터치
입술엔 빨간 앵두 색을
발랐다 까만 머리칼은
동백 기름칠로
이마 뒤로 쓸어내고
우는 듯, 웃는 듯
아롱거리는 분신들
풀풀 날렸던 삶의 향기는
마디마디 묶인 자국으로
소멸되어 간다
영원히 살 것이라고
손가락 마디에 분홍빛
향내가 배어났다

온 몸을 도포하듯
짙은 향수가 뿌려진다
이생에서 떼어낸 상처들
펼쳐진 종이에 몸을 감싼다
못내 아쉬웠던 삶이었을까
힘들게 다문
입술에 향기가 촉촉하다

네일아트

여자의 손톱 끝에 날개를 달았다

손가락을 펼치면 어디든지 날아갈 수 있는
열 마리 나비

짧게 머물다 빠져나갈 봄날 같은
깃털이 손톱에 물들어간다

날개를 사육당한 채
아직 모습을 갖추지 못한 나비들

꿈틀거리며
불안한 색깔의 나비가 햇빛을 끌고 간다

언제쯤이나 날아오를 수 있을까
텅 빈 눈에 점안을 하자

손톱에서 형형색색 나비들이 줄지어 날아오른다

콘서트

화려한 무대 조명이 켜지자
열광하는 수천 개의 얼굴

함성에 못 이겨 튀어나오는 화장품들
각자의 색깔을 드높이며 쏟아진다

눈가를 덮은 펄 섀도가 반짝거렸고
광채를 쏟은 검은 눈동자

찢어진 듯 입꼬리가 달랑거렸다
쓸어 올린 머리에 꽂은 해바라기 머리핀

길어진 목에 방울 스카프를 묶었다
울려 퍼지는 노래에 색색의 화장품들

객석을 향해 돌아다녔고
박수 소리에 분가루가 휘날리고 있었다

머리 위로 붉은 립스틱의 형광봉
굿즈의 손들이 수만 개 흔들거렸다

화장

또,
내가 나를 보여주기 위해 화장을 한다
또,
내가 나를 지우기 위해 화장을 한다
또,
내가 나를 없애기 위해 화장을 한다
또,
내가 나를 감싸기 위해 화장을 한다
또,
내가 나를 낳지 않으려고 화장을 한다
또,
내가 나를 속이려고 화장을 한다
또,
내가 나를 돋보이려고 화장을 한다
또,
내가 나를 음모하려고 화장을 한다
또,
내가 나를 위장하려고 화장을 한다
또,
내가 나를 달래려고 화장을 한다

또,
내가 나를 슬퍼하려고 화장을 한다
끝내,
내가 눈물을 감추려고 화장을 한다

화장대의 얼굴

햇빛이 화창한 날
또, 어떤 디자인의 모습을 선택할 것인가

모던, 유럽, 세련, 청순, 시크, 열정, 우울,
화사, 발랄, 간결, 고혹, 위선, 진실, 가련

거울에 비치는 얼굴의 윤곽들
바르고 찍어내기 위한 메이크업 작업

진열된 모든 화장품의 뚜껑을 열었다

투톤 파운데이션, 아이섀도, 마스카라,
아이라인, 립스틱, 미스트, 볼 터치

속눈썹, 립글로스, 컨실러, 코 섀도
마스터의 손놀림에 완성되는 화장대의 모습

디자인에 따라서 만나게 되는 바깥 얼굴들
거울엔 여러 색깔의 모습이 모였다 흩어진다

바람이 부는 날,

화장기 없는 민낯의 거울
빤한 얼굴의 밋밋해진 자화상이 돋보였다

핑크색 셔츠

구름 한 점 없는 날 잘 어울렸어요
바람 없는 날도 잘 어울렸어요
흰 넥타이가 더욱 빛났어요
비비크림의 우윳빛도 환했어요
설레는 듯 나뭇잎이 흔들렸어요
하얀 손등에 햇빛이 내려앉았네요
립글로스가 입술에서 반짝거려요
내린 앞머리가 눈을 가렸어요
살짝 뜬 눈동자가 커지고 있어요
멀리 나는 새를 바라보며 웃고 있네요
자줏빛 슈트에 흰 구두가 반짝거려요
귀를 뚫은 매력에 새가 지저귀네요
걷는 발자국까지 찍어 보려구요
뒷모습에 환한 미소가 퍼지고 있어요
이렇게 두근거리는 날엔
누구라도 만나고 싶지 않을까요
클래식 향수를 뿌린 사람이라면
더 좋을 것 같아서요

컨실러

 얼굴에 드러난 모든 부스러기와 까만 점들을 숨긴다 희고 매끄러웠던 살갗은 점점 화농 같은 딱지로 변해갔다 흐르는 눈물로도 소독이 되는 것일까 부풀어 오른 얼굴 부위가 벌겋게 달아올랐다 천둥 치는 날 창문을 닫았고 번개에 놀란 눈을 감았다 아이 울음처럼 숨죽이며 입술을 깨물었던 여름 흩어진 자리에 감각마저 중심을 잃었다 애써 웃음 짓는 눈가에 주름을 메꾸고 아이 같은 동그란 눈매를 하얗게 덮었다 창가에 오래된 동백이 꽃을 피우고 붉은 꽃잎이 햇빛을 쏟아낸다 눈바람 속 검은 딱지가 떨어지면 늦은 봄 노란빛의 얼굴엔 더 진한 컨실러가 점을 찍을 것이다

서클렌즈

사방으로 둘러싸인 매혹

눈앞에 펼쳐지는 드넓은 시야

하늘과 가깝게 별을 올려다본다

바람이 푸르렀고

햇빛이 푸르렀다

어깨에 내려앉은 그늘이 가벼웠고

뾰족하게 솟아난 잎새가 둥글었다

고양이 울음소리에 가락이 붙었고

날아가는 새의 깃털에 물감을 칠했다

무지개가 아른거리는 최후

가장 멋진 말로 다가오는 입술

사랑이 아닌 유혹의 시작이다

눈앞이 조이듯 좁혀왔고

불안이 사방으로 둘러싸여 간다

카 워시

빗물에 마른 먼지 자국
진흙탕의 누런 바퀴
화장의 때를 지우고 있다
거품 가득 폼 클렌징을 바르고
구석구석 꼼꼼하게
세찬 세수를 한다
유리창에 얼룩진 손자국
곱게 화장했던 얼굴이
옆 좌석에 떠오른다
바깥 풍경을 담은 화장품
꽃가루에 씻긴다
바람에 날린다
긴 호스로 내뿜는 물살들
뽀드득 맑은 얼굴이 웃는다
반짝반짝 물광의 에센스
자동차 피부를 닦아내며
새파란 하늘을 담아낸다

제4부

화장품 마을

톤 업

이 봄에,

구름 한 점 없는 하늘이 새파랗게 바뀌고 있다

나뭇가지에 물오른 숨소리 가쁘게 바뀌고 있다

초록을 뿌려놓은 누런 땅 어린 싹들로 바뀌고 있다

산등성이에 피는 꽃들 파스텔 톤으로 바뀌고 있다

말랐던 계곡 미스트를 뿌리며 물방울로 바뀌고 있다

바람에 웃옷을 벗은 채 발걸음이 가볍게 바뀌고 있다

활짝 핀 꽃의 시샘으로 민낯이 붉게 바뀌고 있다

광채를 쏟으며 마지막 톤 업을 마무리하는 햇빛

선글라스 낀 사람들의 얼굴에 여름이 다가온다

화장품 마을

화장품 케이스를 열어 놓은 듯 창문 경첩 사이 분가루가
날리고 벽마다 파스텔 색상으로 분칠을 했다

붉은색 지붕에 황새가 날아들고 중세의 동화 속
인형들로 꽉 찬 유혹의 골목들

무슨 생각을 하는 것일까
스치는 옷깃에 웃는 얼굴이 가득하다

삼각형 지붕의 콧대들이 크리스털 조각 무늬의
색조로 빛났다 벽마다 색색의 베란다에 장미꽃을
걸어 두었다

여기저기 꽃 입술이 빨갛게 불거져 나온다

광장 옆 여러 가지 터치로 화장을 한 106가지
얼굴 다양한 표정들로 새겨져 있는 대성당의 기둥

남녀가 기둥 사이 파란 하늘로 기울어져 갔다

교각 아래 강물로 비쳐 흐르는 사람들 뿔뿔이
흩어진 얼굴에서 꺼내는 화장품

　분내 나는 마을은 볼 터치로 울긋불긋하다
　치자빛 섀도로 짙게 깔린 하늘 마을을 뒤덮고
있었다

향수

자욱한 안개가 앞을 가렸어도
깊이 스며들었다
비바람이 억세게 몰아쳤어도
깊이 스며들었다
세찬 눈보라가 몰아쳤어도
깊이 스며들었다
칠흑 같은 어둠에 버둥거렸어도
깊이 스며들었다
달빛에 웅크린 몸을 숨겼어도
깊이 스며들었다
눈 부신 태양에 색이 바랬어도
깊이 스며들었다
코스모스 한껏 흔들리는 날
꼭 잡은 두 손에서도
깊이 스며들었다

에센스

무성한 호야 잎을 본다

반질반질하게 윤이 묻어나는 푸른 잎
줄기마다 잎 새의 모양을 다듬었다

수분을 머금고 탱탱하게 뻗어 내린 줄기

제 스스로 영양을 공급한 듯
활기찬 생동력은 어디서 나온 것일까

잎 새 마디마디 꽃대가 올라오면
연분홍 육각형의 얼굴을 드러낼 것이다

수액으로 베이스가 탄탄한 식물

환한 얼굴로 꽃을 피우기 위해
달콤한 진액 한 방울을 떨어뜨린다

틴트 물광 립글로스

반짝
영롱한 이슬

한입 물 먹은 듯
입술에 매달려 퍼져간다

파운데이션

무덤가에 눈이 내린다
희디흰 가루
콧등 위에서 날리고 있다

새벽까지 눈이 내린다
흰 얼굴로
주위가 환하게 드러나고

밤새
소복이 두드린 얼굴
매끄럽게 묻어 내린다

화장품

죽은 사람의 얼굴에서 꺼내는 화장품

볼 터치, 립글로스, 아이라인, 눈썹연필,
파운데이션, 마스카라, 색조화장품,

나는 죽은 그의 얼굴에 화장을 한다

앞서 먼 길을 떠나갔다는 구슬픈 노래
뼈가 저리고, 뼈가 저리고

몸 구석구석 피멍으로 퍼지는 통증
죽은 이와 내가 한 몸이 된 듯

이미 눈 밑은 퍼렇게 움푹 꺼져있다
혹, 따라가고 싶었던 것은 아니었을까

짙은 눈썹 아래로 볼 터치한 광대뼈
오뚝한 코에 그가 살아온 중심을 세우며

입술엔 불그스레한 립글로스가 발린다

앙상한 턱은 짙은 색의 펄로 올려주었다

노래가 이미 멈춰 있었고

한참을 매만지고 다듬은 얼굴
먼 길보다 샛길이 눈앞에 어른거린다

다시 돌아오는 길은 사라질지 모른다고

창백한 얼굴로 화장대에 나열된 화장품
죽은 몸에 반쯤 기대어 있는 내가 보인다

화장품 여행

화장품 뚜껑이 열리자
바닷길이 보인다

파도에 떠다니는 해초
얼굴에 팩을 덮는다

모래바람에 쓸려온
조개껍질을 갈아 분을 만들었다

강렬한 햇빛에
금색 목걸이가 반짝였고

붉은 산호가 입술처럼
사방에 넘실거렸다

먹물을 뒤집어쓴 머리카락
손톱에 은빛 갈치가 물들어갔다

바다를 담아내는 화장품

노랗게 내려앉는 태양
화장품 뚜껑이 흐느적거렸다

매니큐어

손톱의 우울을 지우려고 하자
왁자한 말들이

후미진 곳까지 따라붙는다
갈라진 손톱으로 겹겹이 쌓여 있던 둔덕

햇볕에 몸을 숨기듯 뜨겁게 달려온다
한 발짝 물러난 뒷걸음질에

모퉁이에서 가장 큰 하늘을 바라본다

두 손을 벌리고
치켜뜬 손가락

짙은 하늘이라도 걸러내려는 것일까
파란 물빛으로 물들인 손톱,

치솟던 정적을 잠재웠고
엷게 드리운 우울을 걷어내자

하얗게 뭉쳐진 별들이
손톱 끝에 매달리기 시작했다

화장품 아파트

이쪽저쪽 아파트 창문이 열린다
분 향내가 솔솔 흘러나오고

꽃가루가 사방으로 흩날린다
벌 나비가 모여들고

꿀 빠는 소리에 입술이 빨개졌다
벌집의 육각형 창문이 빛났고

차곡차곡 쌓이는 화장품
뚝뚝 꿀 떨어지는 달콤한 소리에

더듬이의 속눈썹을 말아 올린 나비
충혈된 꿀벌의 서클렌즈

햇빛에 반사된 색색의 창문들
부화된 날개에 은빛 섀도를 입힌다

맑은 하늘로 새들이 줄을 이었고
화사한 얼굴을 내미는 창문

화장품 아파트가 봄 단장을 마쳤다

속눈썹

밀려오는 파도에 떠밀려 점을 찍는 남녀의 발자국

길게 뻗친 손가락에 하얀 포말을 걸러낸다

미스트

안개 속으로 파닥이는
은빛의 세포들

어둠 밖에서도 들려온다
미명에 서서히 드러나는 윤곽

별빛에 떠돌다 머물고 간 자리
아이처럼 맑아 있었고

아가씨처럼 수줍어하고 있었다
못내 피어나는 작은 안개꽃

클렌징폼

길게 다가오는 그림자를 지우는 일.

몽글몽글 떠오르는 기억을 지우는 일.

마디마디 눈부신 햇빛의 주름을 지우는 일.

어제의 일들로 돌아가 밤새 지우는 일.

촉박하게 지냈던 시간의 달력을 지우는 일.

그리고

마주했던 붉은 눈시울의 빗물을 지우는 일.

다가올 그 시간 모든 소리를 지우는 일.

손바닥을 비벼서 거품을 일으키는 일.

하얗게 피어나는 얼굴

까만 눈동자가 흰 벽을 지워내고 있는 일.

화장품 이야기

 립스틱이 말했다.
 거짓말을 할 때마다 덧칠해진 새빨간 입술로. 얼굴엔 내가 제일 아름답고 오직 내 입술만 보인다고 뽐을 내듯 자랑을 한다.
 이 말을 듣고 있던 날 세운 콧등이 시큰둥 콧방귀를 뀌며 얼굴의 축을 이루는 우두머리는 내가 최고야, 라고 일침을 놓았다. 이내 눈을 부릅뜬 아이라인이 눈꼬리를 올렸고 카리스마의 날카로운 눈짓으로 응했다.

 그리고 하늘 위로 짙게 올린 마스카라의 속눈썹이 찌를 듯이 말했다.
 너희는 상대방의 진실한 눈빛에서 검은 눈물을 흘리며 속상한 마음을 위로하며 달래 준 적 있었냐고. 다행히 난 그 정성으로 상대방의 매혹적인 마음까지 얻을 수 있는 행운을 가져왔었지.

 각자 없어서는 안 될 역할 분담이라도 한 듯 모두 한마음이 되어 툴툴 털어놓는다. 이때, 조용히 듣고 있던 파운데이션의 한마디가 극적이었다.
 난 죽은 사람의 얼굴을 살아 있는 듯 감추기 위해 마른 쿠션으로 구석구석 정성껏 두드려주었지. 이 얼마나 위대한 일인가. 남들은 상상도 못할 일이야. 라고 두 어깨를 으쓱거리며 들먹거렸다.

 문신한 눈썹이 씰룩쌜룩 삐진 듯 난 죽어서도 얼굴의 각을 살린다며 쓴웃음을 뱉어냈다.
 한몫 끼어든 양 볼의 부드러운 분홍색 볼 터치. 죽을 때나 살아있을 때나 얼굴의 화사함을 돋보이게 하는 것은 자신뿐이라고 히죽거렸다.

 그냥 두고 볼 수 없었는지 옆에 있던 향수가 향내의 속 이야기를 쏟아낸다. 얼굴을 다듬고 난 뒤 마지막으로 뿌리는 향수. 살아서는 매혹을 일으켜 줄 수도 있지만 썩은 냄새가 진동하는 죽은 이의 몸을 솜으로 닦아주며 향기로운 냄새로 시취를 없애는 일. 누구나 쉽게 접근할 순 없다며 일에 대한 긍지와 자부심을 토해낸다.
 말 한마디 없이 손톱 끝을 장식한 매니큐어. 손가락 또한 여자의 자존심을 세우는 일 중의 으뜸이라며 자줏빛 그러데이션의 젤을 펼쳐 보여 자신의 고

귀함을 알렸다.

 화장품의 모든 이야기가 끝날 즈음. 하얀 원피스를 입고 얼굴이 상기된 여자. 동백기름으로 넘긴 칠흑 같은 검은 머리가 바람에 휘날리고 있었다.
 하이힐을 신고 발꿈치를 들고 있는 그녀.
거칠어지고 갈라진 발톱까지 깔끔해진 발가락. 마지막 남은 페디큐어가 완벽하게 한몫을 해냈음을 고한다.

 마침내 고뇌를 뚫고 화장품 이야기들로 완전무결하게 치장된 여자. 드높이듯 질끈 묶어 올린 머리. 위풍당당하게 햇빛 속에서 빛나고 있었다.

나는 화장품이다

은하가 휘모는 파란 우주를 화장한다

초록빛으로 감싸 도는 지구를 화장한다

노란 빛 별밭의 자연을 화장한다

떠돌다 흘러가는 사람들

멀리서도 선명하게 볼 수 있도록

모두를 섞어 놓은 파스텔 톤의 파노라마

나는 빛을 내는 얼굴이었다

제5부

패션

패션

흥을 돋우며 춤을 춘다

팔을 위로 뻗고 몸을 비트는 락
엇박자의 발꿈치가 모래바닥을
긁어 자국을 남겼다
반쯤 걸친 옷들이 바람에 펄럭일수록
바다 색깔이 짙어졌고

위스키 잔에
흔들린 옷들이 붉게 물들어 갔다

패션의 끝이라도 보이는 걸까

사람들이 바다 속으로 뛰어들었고
커다란 눈과 지느러미가 입혀졌다
첨벙이는 물고기들의 함성
노란 줄무늬 나비고기가 떼로 모여
줄을 세운다

이어지는 거친 이빨들의 패션

사람들의 젖은
옷들이 바다냄새로 미끌거렸다

스타킹

언제나 다리 근육만을 따라 붙었다

잡아당기며 힘줄도 조여 주는 망사패션

허벅지가 뛰어다니는 말처럼 얼룩거렸다

엉덩이에서 발끝까지 내린 각선미

깊게 패인 무늬가

올가미에 걸려 줄을 그어댔다

vulva

한올 한올 뱉어 놓은 꿀벌들의 패션

샛노란 육각형을 만들어 신방을 차렸다

누구도 근접할 수 없는 하늘밑 바위 틈

어두운 밤에도 노랗게 불이 켜진 새색시

별빛이 쏟아지는 날 분주히 등을 밝혔다

오롯이 한 곳을 바라보며 더 높이 날았다

둥글게 넓혀가는 무대에 축제가 열리고

바위에 새겨 넣는 노란 날개 짓의 향연

오로라

우주의 패션쇼를 알린다
커튼처럼 펼쳐지는 장막

섬광으로 번쩍이는 공중
빛과 빛이 교차하는 무대

관객을 휘몰아가는 성운
형형색색의 차가운 별빛

수차례 벗어던지는 의상
눈에서 가장 빛나는 어둠

어둠을 밝힌 화려한 패션
나뭇가지에 태양을 걸친

파랑의 물감을 쏟는 하늘
새벽빛을 닮은 새벽 여신

패션 후르츠

단단한 껍질이 무방비하게 손을 탔다

자주색 빛깔은 탐이 날 정도로
동글고 매끄러웠다

손에서 손으로 건너다니는 열기

궁금한 속내에 반으로 쪼개진 열매
속옷이 흥건하게 젖도록 담긴 노란 즙

알알이 박힌 씨앗은 올망졸망
몸을 숨기기에 바빴다

열정을 못 이긴 발가벗은 사람들의 입

빨대를 꽂아놓은 둥근 것들이
통째로 달랑거리며 거리를 누볐다

과일도 패션이다

수딩 젤

메마른 몸에 수딩 젤을 바른다
고요히 진정시키는 몸이 꿈틀거렸고
수분을 마음껏 흡수한 듯 미끌거렸다
마지막이라는 단어가 입술에서 떨렸고
수십 알의 수면제가 눈에 거슬렸다
손가락으로 막 떠낸 고민을 문지른다
부위마다 다른 방식의 해법이 필요했다
머리에 끈적이는 요정의 앰플을 발랐다
죽어가는 이의 얼굴에 위로의 손길을
내밀어 여러 번 다정함을 건넨다
촉촉이 올라오는 거울 속의 형상들
부드럽게 스며들수록 달아오른 수딩
눈을 떴을 때 창밖에 빗소리가 들렸다

언더웨어

미명에 서서히 드러나는
물방울처럼

살갗에 스며드는 매끈한
실루엣처럼

출렁거리는 골을 따라
밀착되는 언더웨어

부드러운 한 줄의
선과 선이 맞닿아 있다

의패류

사람에게서 버려진 의복들

다시 새롭게 태어난 생명

깊은 바다 속 물고기처럼
숨어서 살아간다

옷에 달린 지퍼, 주머니, 단추. 스팽글의 장식
그들은 몸속의 장기가 되었다

뼈대, 피부껍질, 눈동자, 부풀은
아가미, 비늘, 지느러미를 만들었고

형광색 반짝이가 달린 옷
해파리처럼 출렁거린다

파랑 빨강 노란색의 점박이 물고기들

패션 같은 지느러미
물살을 따라 푸른 하늘을 치켜 오른다

관객

아파트 꼭대기 중심을 잡는 달빛
말똥말똥하게 올려다보는 시선들

벽마다 창문마다 불이 켜진다

밤이 되면 매혹에 못 이겨 내민 얼굴
곰순이 곰돌이 달을 향해 손을 흔든다

같은 방향, 같은 위치, 같은 장소

매일 워킹하는 이때쯤
환하게 비쳐진 얼굴들 관객이 몰렸다

바람도 패션이다

온 사방이 얼굴이었다
머리를 쓸어 넘기고
바람이 화장을 한다
바람결에 번져온 아르니아 꽃가루
얼굴에 묻어났다
바람결에 번져 온 아이리스 향기
온 몸에 뿌려졌다
바람결에 흩어진 연분홍빛 장미
양 볼에 묻어났다
바람결에 날아든 벚꽃 머리에
화관을 장식했다
바람결에 보리수 열매 입술로
붉어졌다
바람결에 작은 패랭이 맨발의
발톱을 장식했다
바람결에 오디열매 자주빛으로
손톱을 네일했다
노란 금계국화가 빛을 내며 흔들렸고
바람결에 뽐내는 식물
케이스를 꺼내들고

바람결에 옷을 입히고 있었다

콘택트렌즈

놀이터 의자에 누워 먼 구름을 본다

아파트 동과 동 사이 소나무 세 그루

하늘과 구름을 배경으로 붉게 늘어진
소나무

곁가지 바람을 껴안고 새들을 쫓아간다

오래 전부터
흔들거리는 이파리 공중에 떨구고

환하게 둘러보는 사위 물체를 드러내는
영상들

셔터를 누른 듯 인화된 구름 한 장

뚜렷하게 새긴 푸른 콘택트렌즈

노을 패션

붉은 옷자락이 펼쳐져 내린다

옷자락을 잡아당기는 강물이 붉어졌다

날갯짓하는 까만 눈동자들

쌍쌍이 모여들어

넓은 치마 품속에서 푸드득 거렸다

레게머리

모태 머리카락의 드레드락스

노컷,

엉키고 헝클어진 머리다발
새끼모양의 여러 갈래로 꼬았다

각가지 색깔의 실 뜨개질로
모자를 쓴 콘헤드

길게 땋은 머리가 위로 솟는다

산중턱에 자리 잡은 블루마운틴
신성함과 자연스러운 공동체

커피열매, 복숭아, 파인애플, 바나나
자연산 열매가 한 가득

레게음악을 통해 모인
라스타 커뮤니티

흑인의 고통과 해방을 전하는 메시지들

머리카락에 고향으로 찾아가는 뿌리
촘촘하게 여럿 새겨 놓았다

블랜딩

쌍꺼풀 없는 동양적인 눈동자

누에고치처럼 탈바꿈하는 남자
목젖이 잘게 가늘어지고

눈두덩이에 짙은 흑갈색
스모키 화장의 이중적인 색깔들

쪼개진 분신과 잘 섞인 조합
여자가 되고 싶은 것일까

긴 눈꼬리를 치켜 떠 올렸다
쇄골 뼈가 드러나는 화장 터치

여자보다 더 여자 같은 여자

부드러운 커피 향이 배어났고
긴 생머리를 뒤로 넘겨 흔드는

펄 네일이 발린 하얀 손가락

꽃상여 패션

만장기가 펄럭이는 언덕

새끼를 꼬아 머리에 두르고
희디 흰 치마폭에 새들이 날아드네
노랑, 빨강, 하양, 초록의 찬란한 종이꽃
죽은 이의 얼굴에 가득 채웠네
죽은 이의 가마에 층층이 쌓여 날리네

어이 어어이, 흥에 겨워

무대 저 높이 산으로 올라가네
온 동네가 들썩이고
뒤 따라가는 눈동자
태양에 반짝이고 입술이 붉어가네
줄을 이어 뻗어가는
꽃상여의 화려한 패션

■ 해설

타자에 대한 응답
— '화장'에 대한 우주적 상상력

박동억

1. 사물의 몽상

　문학사에서 한 시대의 중요한 이정표로 남은 시인의 이름 중 하나는 프랑시스 퐁주(Francis Ponge, 1899 ~ 1988)이다. 프랑시스 퐁주는 일상적 사물에 대한 면밀한 관찰과 언어 실험을 통해 사물 자체의 본질을 탐구한 시인으로 널리 알려져 있다. 그의 대표작 「사물의 편」은 그 제목에서 드러나듯, 빵, 비누, 오렌지와 같은 평범한 사물들을 제재로 삼는데, 시인의 시적 상상력은 우리에게 익숙했던 일상적인 사물을 전혀 다른 존재로 탈바꿈한다. 사물의 외형적 특징과 촉각적·후각적 감각이 결합된 그의 언어는 사물을 단순한 상징이나 비유가 아니라 그 자체로 살아 있는 존재로 형상화한다. 퐁주의 시를 거치는 순간 사물은 그동안 깨닫지 못했던 고유한 의미를 지닌 생명체처럼 재인식되는 셈이다.

　마찬가지로 김미인 시인의 새 시집은 화장품이라는 일상적 사물을 시적 상상력의 매개로 삼는다는 점 때문에 퐁주의 사물에 대한 탐구를 떠올리게 한다. 그의 시에서 화장품은 단순한 미용 도구가 아니다. 립스틱과 마스카라 등의 익숙한 사물을 만지는 순간 시인은 자기 내부의 욕망을 만지는 듯한 감각에 사로잡힌다. 따라서 이 시집에서 화장품은 자기표현의 방식이자 감각과 욕망이 교차하는 상징적 공간이 된다. 립스틱의 색감, 향수의 잔향, 파우더의 부드러운 질감 등 화장품의 감각적 속성들은 시인의 언어를 통해 몸과 욕망, 사회적 규범과 개인적 정체성에 대한 복합적인 상징으로 변모한다. 이러한 방식에서 화장품은 단순한 사물이 아니라 상상력의 촉매이자 감각적 경험의 정수가 된다.

　결국 사물은 사물에 관한 이야기가 아니다. 사물에 대한 시인의 상상력은 인간 경험의 본질에 다가간다는 점에서 큰 의의를 지닌다. 물론 개별 시인마다 접근 방식과 상징 체계에는 큰 차이가 있을 것이다. 퐁주가 사물의 물질성과 본질에 집중해 언어와 사물 사이의 긴장을 드러낸다면, 김미인 시인은 자신의 내밀한 피부와 동일시할 수 있는 화장품을 매개로 내면과 외면의 모호성, 그리고 욕망의 복합성을 드러낸다. 이 시집에서 화장 도구는 근본적으로 본래 가시화할 수 없는 욕망을 세계에 붓질하듯 그려내기 위해 사용되는 매개이다. 따라서 얼굴은 그 내밀한 욕망을 투사하는 캔버스처럼 활용된다.

   한 치의 각도를 빗나간 적 없는 중심, 고단한 무게가 억척으로 다가오고 굽은 등을 세우며 이곳까지 걸어왔다

   발이 닿는 각도에 따라 배경이 달라지고 뒤틀렸던 물체가
   새로운 모습으로 드러난다 뽐내는 일에 익숙해진 얼굴로

   앞날을 예측하며 한껏 가슴을 부풀렸다
   멀리 날아가는 새를 쳐다보다가 가로수에 이마를 찧었다

   오래전부터 굽힐 줄 모르던 뼈들이 삭고 있었을까

고통의 한계를 느끼는 순간 바닥을 톡톡 찍으
며 주저앉았다
누군가 바닥을 두드리는 소리 하이힐에 찍힌
선명한 바닥

「하이힐」 전문

인간의 진정한 고통은 마음을 다하는 진심과 타
인에게 비치는 외양 사이에서 조화를 이루려는 노
력 속에서 드러나는 것이 아닐까. 시「하이힐」에
서 진심의 이미지는 '중심'과 '굽은 등'을 바로 세
우려는 자세로 드러난다. 여기에 "뽐내는 일에 익
숙해진 얼굴"을 대비시키면서, 진심과 외양이 균
형을 이루는 과정을 섬세하게 그려낸다. 그리고
적어도 이 작품은 "한 치의 각도를 빗나간 적 없
는 중심"과 "굽은 등을 세우며 이곳까지 걸어왔
다"라는 표현을 통해 삶의 무게와 억척스러운 시
련 속에서도 중심을 잃지 않으려는 태도를 보여
왔다는 사실을 보여준다. 그러나 그 과정에서 굳
어진 '뼈'는 시간이 흐르며 삭았다. 때론 한계에
부딪혀 주저앉기도 했을 것이다. 이는 세월의 흐
름과 삶의 고단함이 만들어내는 필연적인 좌절을
상징한다.

이 시집에서 오독되지 않아야 하는 것은 치장하는 행위의 의미이다. 진심이야말로 중요한 것이라는 통념에 비추어볼 때 '뽐내고자 하는 얼굴'이나 '하이힐'은 일견 외적인 아름다움과 사회적 기대에 부응하려는 노력의 상징처럼 느껴질 수도 있겠다. 하지만 시인은 이를 단순히 타자 지향적으로만 그리지 않는다. "하이힐에 찍힌 선명한 바닥"이라는 구절은 자신을 표현하고자 하는 욕망과 그로 인한 고통의 흔적을 동시에 드러낸다. 시의 결말에서 바닥을 톡톡 찍다가 이내 주저앉는 모습은 진심과 외양 사이에서 미묘한 균형을 맞추기 위해 자신의 자세를 다잡는 인간의 형상을 섬세하게 포착해 낸다. 차라리 그 톡톡거리는 소리는 그렇게 삶을 견뎌온 시인 자신을 향한 다독임처럼 들린다.
　김미인 시인의 상상력 세계는 인간 욕망의 양면성을 그려낸다는 점에서 주목할 만하다. 특히 그의 시는 화장품이라는 관능적 사물을 매개로 욕망과 정체성의 다양한 결을 탐구한다. 이 시집이 탁월함은 사물에 대한 감각성과 내밀한 욕망을 균형 있게 조화시킨다는 데 있다. 사물은 인간의 욕망을 투영하는 동시에 구속한다. 욕망은 사물을 사용하는 동시에 사물에 사로잡힌다. 김미인 시인은 세밀하게 그려내는 사물의 세계는 바로 이 복합성에 기대어 성립한다.

2. 자아의 이중주

이제 시집을 천천히 감상해 보도록 하자. 어떤 독자이든 이 시집의 주된 제재가 화장 혹은 화장품임을 알 수 있을 것이다. 왜 시인은 이러한 제재에 이끌린 것일까. 해답을 얻으려면 좀 더 넓은 맥락에서 생각해 볼 필요가 있다. 화장은 단순한 미적 장식이 아니라 사회적 규범과 권력관계를 반영하는 강력한 문화적 도구이다. 특히 여성에게 화장은 종종 외모와 성별 규범을 수행하는 필수적인 수단으로 여겨지며 이는 미디어와 광고를 통해 강화된다. 따라서 화장이 개인의 정체성과 자유로운 표현을 위한 수단일 수 있으나 동시에 사회적 압박과 권력 구조의 일환으로 기능하기도 한다. 결국, 화장은 정체성의 확장인 동시에 정체성에 대한 억압이다. 이 이중성이야말로 이 작품에서 반복하는 하나의 주제인 듯하다.

듣지 못해 귀를 뚫었다
말하지 못해 혀를 뚫었다
냄새를 맡지 못해 코를 뚫었다
시간이 지나고
듣지 못해 또 하나 귀를 뚫었다
시간이 지나고
말하지 못해 또 하나 혀를 뚫었다
시간이 지나고
냄새를 맡지 못해 또 하나 코를 뚫었다
장신구가 되어버린 구멍들
바람이 불 때마다 숭숭거린다
점점 늘어나는 구멍은
더 잘 들렸고
말을 더 잘했고
냄새가 지독했다
커지는 장신구들로
마구 넓혀가는 얼굴
웃을 때마다 혀에서
쏟아지는
장신구가 반짝거렸다

「피어싱」 전문

자신을 꾸미는 행위가 곧 자신을 상처 입히는 행위로 묘사되는 이유도 그 때문일 것이다. 이 시는 화장과 같은 외적인 장식뿐만 아니라, 신체의 변화와 이를 통한 자아의 탐구를 다룬다. '귀' '혀' '코'와 같은 신체에 구멍을 뚫는 행위는 듣고 말하고 맡기 위해서 행해야 했던 필연적인 과정으로 다루어진다. 이는 개인이 사회적 기대에 부응하기 위해 자아를 억압하는 일련의 과정으로도 해석할 수 있다. 신체에 구멍을 뚫는 행위는 단순히 장식적 의미를 넘어서 개인의 존재감을 확립하기 위해서 치러야 하는 통과제의처럼 느껴진다.

"장신구가 되어버린 구멍들"에서 언급된 구멍들은 처음에는 단순히 외적인 장식으로 보일 수 있으나, 시간이 지나면서 그것들이 '숭숭거린다'라거나 '점점 늘어나는 구멍은 더 잘 들렸'다는 표현을 통해, 신체에 남은 흔적이 점차 더 큰 의미를 지니게 됨을 암시한다. 구멍은 신체의 일시적인 장식적 변화뿐만 아니라 그것을 통해 겪은 내적 갈등과 사회적 압박을 상징하는 상흔인 셈이다. 이러한 상흔은 겉으로 보기에는 아름다움이나 개성을 나타내는 장식이지만 그 이면에는 개인이 겪은 변화와 내적 고통이 깃들어 있음을 시는 암시한다.

결국 시는 피어싱을 통해 신체에 남겨진 흔적이 개인의 정체성, 사회적 요구, 그리고 내적 갈망을 충족시키기 위한 대가로서의 상흔을 상징적으로 표현한다. 상흔이 단순한 상처가 아니라, 개인의 삶과 경험이 반영된 중요한 자취로서 존재한다는 점에서, 이 시는 화장이나 외적인 장식뿐만 아니라 그 안에 담긴 복합적인 의미를 전달하려는 시도로 읽을 수 있다.

어쩌면 이 시집의 모든 시어가 재생하는 하나의 축은 억압된 욕망이라고 할 수 있겠다. 이를테면 시인은 "날 수 없다는 야성을 잊어버린 채// 얼마나 더 머뭇거려야/ 제 주인에게 닿을 수 있을까// 깊숙이 자리 잡고 터를 일군 굳은살/ 발톱으로 움켜쥐 배겨 있는 외침들"이라고 쓴다. 또한 이 시집에서 자주 반복하는 "검은 눈물로 번진 마스카라"(「스모키 화장」) "속 그림자"(「마스카라」) "말로는 다 뱉지 못한 고백"(「틴톤 꽃 립스틱」) 등과 같은 시어 역시 같은 맥락에 놓인다.

    플래시를 받은 진열장으로 화장품들이 뽐내고 있다. 수다스러운 마스카라가 먼저 운을 뗀다. 요즘 난, 마음껏 울 수 있어서 좋아. 마구 번지지도 않을 만큼 깔끔해진 느낌이야. 옆에 세워진 금장식한 립스틱이 우아하게 말했다. 나도 아무리 음식을 먹고 차를 마셔도 입가에 묻어나지 않거든. 붉은 입술을 더 돋보이게 할 수 있어. 나란히 있던 그윽한 눈동자의 아이섀도가 보란 듯이 말한다. 난, 이중으로 배색된 펄을 바를 땐 상대방의 매혹적인 마음마저 뺏어 올 수 있어. 눈에 힘을 주지 않아도 돼. 획기적인 발상은 계속 이어졌다. 파운데이션의 수위도 높아져 갔다. 나는 땀 흘리고 비에 흠뻑 젖어도 얼굴은 얼룩지지 않아. 마른 듯 뽀송뽀송할 만큼 품위를 지킬 수 있어. 얼굴의 화사함은 볼 터치가 제일이야. 양쪽 파스텔 톤의 뺨을 추켜세웠다. 도톰한 입술을 강조한 틴트 립글로스도 한몫했다고 입을 쭉 내밀었다. 모든 화장품의 케이스가 뚜껑을 열었다. 얼굴에서 각자 눈부시게 빛났고 모두가 뿌듯한 미소를 머금었다. 그리고 화려한 조명은 밤새 꺼지지 않았다.

「아모레퍼시픽」 전문

한편으로 시집 전반에서 두드러지는 것은 화장하는 행위에 도취하는 듯한 감각이다. 이 작품에서 화장품은 사물의 입장을 벗어나 마치 스스로 말하고 자신을 내세우며 당신에게 다가오는 존재로 의인화된다. 화장도구와 어울리는 일은 일종의 축제로 비유된다. 한편으로 사회적 맥락에서 읽는다면 이 작품은 현대 사회에서 외모와 미적 기준을 둘러싼 사회적 압박을 치밀하게 그려낸 텍스트로도 해석될 수 있다. 화장품 하나하나가 자신만의 기능과 특성을 과시하는 장면에서, 그들은 단순한 물리적 도구를 넘어, 현대인의 자아와 사회적 기대 때문에 재구성된 상징적 존재로 떠오른다. 이 의인화된 화장품들은 모두 '완벽함'을 자랑하며, 그 완벽함을 통해 독자는 소비문화가 개인의 자아를 어떻게 형성하는지를 고스란히 느낄 수 있다.

그렇다면 화장품이 매개하는 욕망은 무엇인가. 화장품들이 제각각 '깔끔해진 느낌,' '얼룩지지 않는 얼굴,' '매혹적인 마음을 빼앗는 힘'이라는 표현에서 청결한 피부와 타인에 대한 매혹이라는 사회적 미적 기준을 확인할 수 있다. 그리고 활짝 뚜껑이 열린 화장을 곧 눈부신 얼굴과 뿌듯한 미소를 지닌 존재로 그리는 것은 이 작품이 일종의 과시 또는 당당함의 정조에 기초한다는 사실 또한 말해준다. 결국 추구되는 것은 '완벽함'이다. 자기 탐색으로서든 타인과의 관계 면에서는 이들이 펼치는 자랑의 순간마다 드러나는 것은, 바로 '완벽함'을 향한 지속적이고 치열한 경쟁이다.

한편, 이 시에서 각 화장품은 그 자체로 어떤 역할을 맡은 존재로서, 인간의 외적인 아름다움뿐만 아니라 그 아름다움을 유지하기 위한 끊임없는 노력과 이를 소비하는 사회의 메커니즘을 환기한다. 마스카라는 감정을 감추는 역할을, 립스틱은 사회적 소통과 성적 매력을 떠올리게 한다. 특히, 시의 마지막 부분에서 화장품들은 그들의 존재가 화려한 조명 속에서 계속해서 빛난다는 사실을 암시하며, 소비주의 사회에서 외모와 완벽함이 절대로 멈추지 않는 추구의 대상임을 시사한다. "화려한 조명은 밤새 꺼지지 않았다"라는 문장은 소비문화의 끝없는 순환을 상징하며, 개인이 '완벽한 나'를 형성하기 위해 소비된다. 이 작품의 개인의 정체성이나 자아를 넘어서, 끊임없는 외적 '자기 개선'이라는 압박 속에 놓인 현대인의 현실을 적나라하게 그려낸다. 이 시는 현대 사회의 소비문화와 자아 형성의 복잡한 상호작용을 날카롭고도 우아하게 포착한 작품이라 할 수 있다.

3. 이 우주에 떳떳하게 응답하기 위하여

축제라는 모티프에서 또 한 가지 생각해 볼 것은 화장이 지닌 실존적 의미이다. 화장한다는 것은 타인에게 응답한다는 것이다. 화장은 단지 개인의 아름다움을 꾸미는 행위가 아니라, 타자에게 보이기 위해, 그리고 타자와의 관계 속에서 자신의 존재를 규정하기 위한 응답으로 이해될 수 있다. 이 과정에서 자아는 타자와의 상호작용을 통해 끊임없이 재구성되고, 화장은 그 중요한 매개체로서 작용한다.

한편으로 존재론적 관점에서 화장은 '진정성'의 문제와 맞닿아 있다. 실존주의에서 진정성(authenticity)은 개인이 타자나 사회적 규범에 따라 결정되지 않고, 자신의 진정한 내면을 드러내는 것과 관련이 있다. 그러나 화장은 종종 사회적, 문화적 기준에 의해 규정되는 외적 형태로서, 개인이 자신을 '표현'하는 동시에 외부의 기대와 규범을 수용하는 모습을 보여준다. 이 지점에서 화장은 진정성과 불일치를 드러내며, 개인의 존재가 어떻게 외부의 압력에 의해 형성되는지를 상징한다. 즉, 화장은 진정한 자아를 표현하기보다는 사회적 요구에 맞춰진 '가면'을 씌우는 행위로 볼 수 있다. 그러나 가면을 향해 우리는 이렇게 물을 수 있다. 자신이 바라는 모습과 자신에게 주어진 모습 사이에서, 더 깊은 진실은 어느 쪽일까.

 얼굴에 드러난 모든 부스러기들과 까만 점들을 숨긴다 희고 매끄러웠던 살갗은 점점 화농 같은 딱지로 변해갔다 흐르는 눈물로도 소독이 되는 것일까 부풀어 오른 얼굴 부위가 벌겋게 달아올랐다 천둥 치는 날 창문을 닫았고 번개에 놀란 눈을 감았다 아이 울음처럼 숨죽이며 입술을 깨물었던 여름 흩어진 자리에 감각마저 중심을 잃었다 애써 웃음 짓는 눈가에 주름을 메꾸고 아이 같은 동그란 눈매를 하얗게 덮었다 창가에 오래된 동백이 꽃을 피우고 붉은 꽃잎이 햇빛을 쏟아낸다 눈바람 속 검은 딱지가 떨어지면 늦은 봄 노란빛의 얼굴엔 더 진한 컨실러가 점을 찍을 것이다

「컨실러」 전문

이 작품에서 화장 행위는 단순한 외적 미화를 넘어, 시간의 흐름을 감추고 되돌리려는 절박한 몸짓으로 읽힌다. "희고 매끄러웠던 살갗"이 "화농

같은 딱지"로 변해가는 과정은 노화와 상처의 흔적을 은유적으로 드러내며, 컨실러로 이를 가리는 행위는 시간의 흔적을 지우려는 시도다. 얼굴 위에 나타나는 주름과 점, 부풀어 오른 피부는 삶의 경험과 나이 듦의 상징이지만, 그것을 덮고 메우는 화장은 시간이 남긴 흔적을 부정하고 젊음을 유지하고자 하는 강한 욕망의 표현이다. 특히 "흐르는 눈물로도 소독이 되는 것일까"라는 문장은 고통 속에서도 아름다움을 되찾고자 하는 필사적인 바람을 담고 있으며, 화장이 상처를 가리기 위한 도구이자 동시에 그 상처의 증거가 되어버리는 아이러니를 강조한다.

작품에서 반복적으로 드러나는 어린 시절의 이미지들은, 화장이 단순히 외적 결함을 가리는 행위를 넘어 시간의 역행을 꿈꾸는 심리적 욕망임을 보여준다. "아이 울음처럼 숨죽이며"라는 표현은 성장 과정에서의 상처와 불안을 떠올리게 하고, "아이 같은 동그란 눈매"는 젊음과 순수를 향한 회귀의 상징으로 작동한다. "늦은 봄"이라는 표현 또한 이미 시간의 한계를 넘어선 시점에서 되찾으려는 생명의 이미지로 읽힌다. 이러한 상징들은 화장을 통해 어린 시절의 순수함과 젊음을 되찾으려는 시도이지만, 결국 "더 진한 컨실러가 점을 찍을 것"이라는 결말에서 드러나듯, 시간이 남긴 흔적은 더욱 짙어지고 은폐의 시도는 점점 더 두터워진다. 이처럼 작품은 화장을 통해 드러나는 노화와 젊음에 대한 갈망, 그리고 시간 앞에서의 인간적 불안을 섬세하게 포착하고 있다. 결국, 이 시집에서 화장은 자기 내부를 어루만지는 특별한 손짓으로 이해될 수 있다. 실존의 본질인 '자기 형성'과 끊임없는 '자기 찾기'의 과정과 맞닿는다. 이를 통해 인간은 자신을 어떻게 존재할 것인지에 대한 실존적 질문을 시각적으로 표현하는 방법을 제공한다. 김미인 시인의 실존적 물음을 던질 때, 화장은 단순한 미적 수단에 그치지 않고 인간 존재의 복잡성과 끊임없는 자아의 형성 과정을 엿볼 수 있는 중요한 미적 형상으로 자리 잡는다.

은하가 휘모는 파란 우주를 화장한다

초록빛으로 감싸 도는 지구를 화장한다

노란 빛 별밭의 자연을 화장한다

떠돌다 흘러가는 사람들

멀리서도 선명하게 볼 수 있도록

모두를 섞어 놓은 파스텔 톤의 파노라마

나는 빛을 내는 얼굴이었다

「나는 화장품이다」 전문

놀랍게도 이 시집이 최후에 도달하는 것은 「나는 화장품이다」라는 존재론적 선언이다. 이 선언을 어떻게 읽어야 할까. 천천히 작품 전체를 독해하고 나면 '화장품'은 세상과 조화하고 빛나는 존재로서 당당히 서려는 자세의 상징으로 읽힌다. 시인은 "은하가 휘모는 파란 우주"와 "초록빛으로 감싸 도는 지구"를 화장함으로써, 개인의 차원을 넘어 우주적 스케일에서 자기 정체성을 형성하는 행위를 보여준다. "나는 빛을 내는 얼굴이었다"라는 표현은 단순히 아름다움을 드러내는 것을 넘어, 자신을 통해 세상이 밝아지고 조화를 이루는 존재가 되려는 의지를 나타낸다. 여기서 화장은 세상을 더욱 선명하게 비추고, 자신의 존재를 확고히 드러내는 실천으로 확장된다. 이는 결국 자기 삶에 대한 긍정과 세계 속에서의 당당한 태도를 상징하는 것이다.

 이 시에서 "멀리서도 선명하게 볼 수 있도록"이라는 구절은 관조적 태도를 통해 세계를 넓고 깊게 바라보는 초연한 시선을 드러낸다. 이는 사사로운 욕망에 얽매이지 않고, 우주의 질서와 자연의 조화를 있는 그대로 받아들이려는 열린 마음을 상징한다. 시인이 그리는 "파스텔 톤의 파노라마"는 다양한 색채가 어우러지는 세계의 아름다움을 상징하며 개별적인 차이를 품은 전체로서의 조화를 암시한다. 이러한 우주적 상상력 속에서 화장은 단순히 개인적 욕망의 도구가 아니라, 세계와 자신을 하나로 연결하고, 자신의 존재를 통해 세상을 더 밝게 비추고자 하는 상징적 행위로 자리 잡는다. 이처럼 시인은 화장을 통해 빛나는 자아와 초연한 관조의 시선을 동시에 획득하며, 세계 속에서 당당하고 조화로운 존재로 서려는 태도를 아름답게 그려내고 있다.

 여기 반복하는 근본적인 주제는 실존적 균형에 대한 탐구다. 김미인 시인은 외면과 내면, 사회적 구속과 욕망의 자유, 타자에 대한 응답과 자기 존재를 향한 응답 사이에서 끊임없이 흔들리지만, 그 긴장 속에서 균형점을 찾아가는 인간의 사색을 보여준다. 화장은 이러한 균형의 상징으로 개인이 사회적 시선에 부응하면서도 자신의 욕망과 정체성을 표현하는 방식으로 나타난다. 궁극적으로 이 모든 차원은 우주와 지구의 조화라는 보다 큰 스케일의 상상 속에서 통합되며, 개인의 실존적 탐색이 세계와의 조화를 통해 완성되는 모습을 드러낸다. 우리가 눈여겨볼 것은 이 마지막 붓질이다. 김미인 시인의 손길은 최후에 우주를 향해 뻗는다. 그가 덧칠하는 우주의 얼굴은 조화와 균형의 가능성이고, 그것을 상상할 수 있는 인간 존재의 웅대한 가능성이기도 하다.

우주문학 시선 3
립스틱

초판 발행   2025년 3월 31일

지은이   김미인
펴낸이   진영서
책임편집   김영산
조판   김한백
펴낸곳   은하태양
주 소   서울 마포구 백범로 239 103-104호
출판등록   제2024-000103호
대표전화   010.8920.4725
이메일   galaxysun30@naver.com

김미인 2025
ISBN: 979-11-991218-3-6

*이 책의 무단 복제를 금합니다. 이 책 내용의 전부 또는 일부를 재사용하려면 반드시 저작권자와 은하태양 양측의 동의를 받아야 합니다.
* 책 값은 뒤표지에 표시되어 있습니다.